Gerhard Fritzsche
NÖTIGER ALS BROT
Geistliche Lieder und Gedichte

Zusammengestellt und
herausgegeben von
Joachim Jäger

D1660317

Paperback-Bestellnummer RKW 420

© Copyright 1993 by Reinhard Kawohl Wesel
Verlag für Jugend und Gemeinde

Rechte am lyrischen Gesamtwerk
Verlag Singende Gemeinde, Wuppertal

Titelbild: G. Schnarr
Umschlaggestaltung: RKW

ISBN: 3 88087 420 4

Gerhard Fritzsche

Nötiger als Brot

Geistliche Lieder und Gedichte

kawohl

Vorwort

Im Jahre 1938, als die ersten Gedichte Fritzsches im Woltersdorf-Verlag gedruckt wurden, erschienen beim Christlichen Sängerbund zwei Tonsätze, denen Gedichte Gerhard Fritzsches unterlegt waren. Sie hießen "Gott ruft dich heut" und "Wir fahrn dahin".

In den folgenden Jahren kamen dreizehn weitere dazu, die überwiegend von Johannes Petzold vertont wurden. Viele von diesen Liedern werden noch heute gern gesungen. Durch sie bin ich schon als junger Chorsänger auf Gerhard Fritzsche aufmerksam geworden. Mich beeindruckte seine dichterische Sprache, seine Art, in Versform zum Ausdruck zu bringen, was ihn bewegte, wie er leidvolle Erfahrungen verarbeitete - denn er war jung, als er diese Gedichte schrieb.

So entstand in mir der Wunsch, möglichst viele seiner Gedichte kennenzulernen. Ich trug zusammen, was im Druck erschienen war. Dabei reifte in mir der Gedanke, diese Gedichte in einem Band zusammenzufassen, um sie den Menschen, für die er schrieb, zugänglich zu machen.

Eine Bereicherung für den Gedichtband war schließlich der Einblick, den mir die Tochter Gerhard Fritzsches, Regine Janetzko, in den Nachlaß ihres Vaters gewährte. Er enthielt viele unbekannte Gedichte, von denen zwanzig in diese Sammlung aufgenommen wurden. Für die Möglichkeit, aus diesem Material zu schöpfen, danke ich Frau Janetzko sehr herzlich.

Berlin, im Mai 1993　　　　　　　　Joachim Jäger

Annäherungen an Leben und Werk

Gerhard Fritzsche wurde am 23. April 1911 in Dittmannsdorf bei Flöha - unweit von Chemnitz - geboren. Die Verwurzelung in seiner Heimat - am Nordrand des Erzgebirges - hat ihm viel bedeutet; er bezeugte sie noch in einem Gedicht, das 1941 an der Ostfront entstand. Als Sohn eines Strumpfwarenfabrikanten absolvierte er eine kaufmännische Ausbildung und trat dann in den väterlichen Betrieb ein. Doch sein Geist wandte sich der Literatur zu.

Entscheidend wurde für ihn seine Lebensübergabe an Jesus. Dieser Glaubensschritt, der sein ganzes Leben prägte, führte ihn in den Jugendbund für entschiedenes Christentum (EC). Der deutsche Zweig dieser weltweiten Vereinigung war 1894 entstanden und umfaßte in den Jahren nach dem ersten Weltkrieg 1.400 örtliche Bünde mit 45.000 Mitgliedern. Auch in Dittmannsdorf sammelten sich junge Christen, die auf Rüstzeiten, Evangelisationen und Singfahrten vielen den Weg zu Jesus gewiesen haben.

Mit diesen wesensmäßigen Erfahrungen empfing Fritzsche seinen Auftrag: "Singet dem Herrn ein neues Lied; die Gemeinde der Heiligen soll ihn loben!" (Psalm 149,1). Dieser Ruf Gottes formte sein dichterisches Schaffen. Wesentliche Anregung und Förderung für seinen Werdegang gaben ihm Samuel Rothenberg, Singpfarrer der bekennenden Kirche, und dessen Bruder, der spätere Kirchenmusikdirektor Theophil Rothenberg.

Inmitten des Einbruchs des Nationalsozialismus findet Fritzsche seine Standortbestimmung:

Nicht das Hakenkreuz, sondern das Kreuz von Golgatha! Der Massenhysterie des Führerkultes, der Vergötzung von Volk und Rasse stellt er gegenüber: "Gott ruft dich heut durch Jesus Christ..., denn Wahrheit, Leben, Seligkeit ist nur bei Christus uns bereit".

Dem Kollektiv des Einparteienstaates entgegen ruft er zur Sammlung der Gemeinde Jesu: "Nun sollst getrost du streiten, du Christkämpferschar... Herr Christ, stärk uns den Glaubensmut... Du willst durch unsre Tage mit Sturm und Feuer gehn, dahint bleibt alle Plage, wir wolln zu deiner Fahne stehn!"

So entstehen zahlreiche Gedichte; 25 davon werden von Kirchenmusikern der jungen Generation vertont. Die evangelische Jugend nimmt diese Lieder auf. Da klingt ein neuer Ton an - noch wie ein Nachhall des Volksliedes, noch getragen vom Atem der Singbewegung - doch nun im Zentrum der Kirche Jesu Christi!

In dieser Zeit aber setzte der totalitäre Staat seine Machtmittel ein, um all das auszuschalten, was sich ihm nicht freiwillig unterwarf. Im Juli 1933 schrieb ein Parteiblatt: "Unsere erste Kampfetappe war die Vernichtung der marxistischen Jugendverbände. Die zweite Etappe, die Erledigung der bündischen Jugend, ist seit 24 Stunden gelöst. Jetzt gehen wir zielbewußt an die dritte Etappe heran, an die Zertrümmerung der konfessionellen Jugendverbände".

Die evangelische Kirche kapitulierte vor dem nationalsozialistischen Staat. Der Vertrag vom 19.12.1933 verfügte die zwangsweise Eingliederung der evangelischen Jugendvereine - mit über einer halben Million Mitgliedern - in die Hitlerjugend. Christliche Jugendarbeit außerhalb der Kirchenmauern wurde fortan als "staats- und volksfeindlich" polizeilich unterbunden.

In dieser Situation entschied sich Fritzsche, seinen kaufmännischen Beruf aufzugeben: "Der alte Feind ist auf dem Plan und greift hart an die ganze Christenheit... So hilf gewisse Tritte tun und nimmer ruhn in falscher Sicherheit...".

In der Jugendleiterschule auf dem Hainstein bei Eisenach unterzog er sich 1934 bis 1936 einer Fachausbildung für den Dienst an jungen Menschen. Gewiß werden ihm viele gesagt haben, ein solcher Weg habe keine Zukunft!

Im Dezember 1936 trat Fritzsche den Dienst als Bezirksbeauftragter des Evangelischen Jugendwerkes in der Kreisstadt Kamenz bei Dresden an. Bis Januar 1939 durfte er hier die evangelische Jugendarbeit in ihrer neuen Gestalt aufbauen. Diese Arbeit setzte er dann als Gemeindehelfer an der Himmelfahrtskirche in Dresden-Leuben fort. Das eigentliche Geschenk jener Tage war eine "Jugend mit der Bibel", der man zwar die Möglichkeit einer jugendgemäßen Lebensgemeinschaft in ihren Bünden genommen hatte, der man aber das *eine* nicht nehmen konnte: Gottes Wort.

In diesen Jahren hat Fritzsche eine ganze Reihe von Verkündigungsspielen geschrieben. Seine Arbeiten erschienen im Verlag Christian Kaiser (München) mit Unterstützung von Rudolf Mirbt, dem Großmeister des Laienspiels. Wie sie in den Gemeinden aufgenommen wurden, dafür ein Beispiel: Die Tübinger Studentenspielschar hat Fritzsches "Spiel von der Kirche" im Sommer 1938 in Schwaben, im Vogtland, im Erzgebirge, in Sachsen und in Oberfranken vierzigmal aufgeführt.

Ein Teilnehmer berichtete: "Wir durften es immer wieder erleben, wie die Gemeinde ganz in das (pfingstliche) Geschehen hineingezogen wurde, wie sie das Gebet zu unserem auferstandenen Herrn mitbetete... Sie wußte: Hier geht es um *uns, wir* sind gemeint!... Unsere Spielschar bestand aus Vertretern aller Landschaften und war ganz *eins* in dem *einen* Bekenntnis... Gemeinsames Bekennen setzt Einheit im Geist voraus" (Deutsches Pfarrerblatt Nr. 49/1938).

Fritzsches Liedschaffen fand Aufnahme in mehreren Sammlungen. Einige seiner Texte sind bereits von Leiderfahrungen geprägt: "Daß wir deine Herrlichkeit können recht erfassen, wirfst du über uns das Leid, führst uns dunkle Straßen. Wer noch nicht zerbrochen ist, findet nicht die Türen, die zu dir Herr Jesus Christ, in die Freude führen."

Am 21. März 1940 wurde Fritzsche zum Heer einberufen. Nach den schweren Kämpfen bei Wjasma (200 km vor Moskau) entstanden sechzehn Gedichte, "Stern in der Frühe", seinen Freunden gewidmet. Im Lazarett schrieb er die "Sprüche von Leben und Tod", von denen der Vierzeiler "Alles ist eitel" bald als Kanon von christlichen Jugend- und Studentengruppen gesungen wurde.

Wenige Monate vor seinem frühen Tode schrieb Fritzsche an seine Frau Ilse: "Meine Aufgabe ist, die Welt Gottes in diese sichtbare Welt mit Hilfe des Wortes hineinzutragen... Nicht der Beifall der Masse ist, was ich erstrebe, sondern mein Ziel ist, Gleichgesinnte zu stärken und Suchende zu leiten... Wenn mir das gelingen würde, so hätte ich meinen Auftrag erfüllt. Gott gebe es aus Gnaden".

"Das Inferno der Schlachten mit all den fast übermenschlichen Anstrengungen, die Ströme vergossenen Blutes und die Unzahl der Tränen" kostete er bis zur Neige durch. Sein letztes Lebenszeichen gibt er Mitte

August 1944 aus Bessarabien. Wenige Tage später brach hier der Südabschnitt der Ostfront zusammen, wobei 22 deutsche Divisionen zugrunde gingen.

"Wir preisen dich und bringen dir unser Lob mit Singen, bis unser Mund im Tode schweigt", so endet eins seiner bekanntesten Lieder.

Um die gleiche Zeit und im gleichen Frontabschnitt ist auch der Berliner Kirchenmusiker Martin Krüger verschollen. Er hatte 1941 Fritzsches Osterlied vertont, in dem es heißt: "Und so wie er erstand im Licht, so werden wir mit ihm erstehn. Wir sterben, - und wir sterben nicht, uns wird im Tod kein Leid geschehn".

Hermann Delfs

Inhalt

Das Kirchenjahr
17 Lobgesang
18 Bereitet die Wege
20 Er kommt
21 Gott ist Mensch geworden
22 Weihnachtslied
24 Hirtenlied
26 Das Alte ist vergangen
27 Silvesterlied
28 Epiphanias
30 Gottessohn und Schmerzensmann
31 Lamm Gottes
32 Abgrundtiefe Liebe
33 Osterlied
34 Christ ist heut auferstanden
34 Himmelfahrtslied
36 Pfingstbitte
38 Christus wird wiederkommen
39 Steh auf! Steh auf
40 Laßt eure Lichter brennen
42 Der Morgenstern

In Gott geborgen
44 Daß wir deine Herrlichkeit
45 In Gottes Hand
45 Alles ist eitel
46 Ich bin nicht wert der Gnade
48 Nimm du mich in deine Hände
49 Und immer bleibt ein Restlein noch
50 Wo wir auch die Füße regen
51 Einem Scheidenden
51 Hier ist alles Licht verschleiert
52 Und danken bloß

Liebe ohnegleichen
55 Sehet, welche große Liebe
56 An Christus
57 Warum sollt ich mich schämen
58 Fürchte dich nicht
59 Du wirst uns finden
60 Der Schuldbrief ist zerrissen
62 Gott ruft dich heut

Du bist unser höchstes Gut
65 Du bist unser höchstes Gut
66 Allein, Herr Christ, der Herre bist
67 Du bist unser Herr allein
68 Du bist des Lebens Quelle
69 Nötiger als Brot
70 Anfang, Mitt' und Ewigkeit
72 Erbarm dich, Herr

Gott zur Ehre dienen wir
75 Gott zur Ehre dienen wir
76 Mein König, dir zu singen
77 Gott ist aller Freude Grund
78 Nun sollst getrost du streiten
79 Gewisse Tritte laß uns tun
80 Über unser deutsches Land
81 Liebt euch
82 Brunnquell aller Herrlichkeit
83 Tu es ganz
84 Wir fahrn dahin

Abend und Morgen
87 Gelobt sei deine Treu
88 Abendlied
89 Spiele, kleine Flöte, spiele
90 Abendgebet
91 Morgengebet
92 Ein neuer Morgen

Das Kirchenjahr

Lobgesang

Meine Seele singe
und erheb den Herrn!
Fliehe, schwere Nacht!
Denn der Herr der Dinge
ist nicht fern,
hat sich aufgemacht.

Nun beginnt das Blühen
wie zur Maienzeit,
wachsen wird das Licht.
Winter wird vergehen.
Angst und Leid
wenden ihr Gesicht.

Blüht nun, schöne Gärten!
Leuchtet ihm voraus!
Neig dich, Himmel, du!
Uns, des Tods Gefährten,
wird ein Haus,
Gott kehrt sich uns zu.

Nacht geht nun zu Ende.
Sonne dringt herein.
Erd ist Gottes Schoß.
Herr, nimm Herz und Hände:
Ewig dein.
Freude übergroß!

Bereitet die Wege

Bereitet die Wege
dem Herrn, der sich naht,
die unebnen Stege
macht schlicht und gerad.
Steht auf nun und sehet:
Die Nacht jäh verbleicht.
Die Täler erhöhet,
die Berge vergleicht.

Er wird nun bald kommen,
gewaltig und licht,
zu dem alle Frommen
gereckt ihr Gesicht.
Vernehmlich herdringet
ein Rufen ans Ohr:
"Tut Buße und ringet!
Der Herr steht vorm Tor!"

Die Riegel zerbrechet,
weit öffnet die Tür,
kommt eilend und sprechet:
"Tritt, Heiland, herfür!
Wir hungern und dürsten
nach dir hier und dort;
den Feind und den Fürsten
schlägt einzig dein Wort.

Wir können nicht raten -
verlorener Hauf; -
denn unsere Taten
stehn wider uns auf.
Drum komm und erscheine,
tritt eilends hervor,
schließ auf der Gemeine
das himmlische Tor.

Wir wollen die Wege
bereiten, Herr Christ,
die unebnen Stege,
und was da noch ist
verrammt und verriegelt
sei dir aufgetan.
Komm, Morgen, beflügelt!
Du Tag, brich bald an!"

Er kommt

Zarte Knospe, springe!
Himmelsrund, nun singe!
du Stern der Sterne überm Dach,
dein Licht in alle Nächte schwinge,
daß von dem Glanz die Welt erwach!

Licht aus Gottes Helle,
springe auf die Schwelle,
daß bald der Himmel steht in Brand!
Nun öffne dich, versiegte Quelle,
gieß Wasser übers dürre Land!

Nächte, ihr müßt weichen!
Stern', die nimmer bleichen,
ziehn auf die allerletzte Wacht.
Am Himmel steht das Gotteszeichen:
Er kommt und endet alle Nacht!

O Tag voller Wonnen!
Du Sonn' aller Sonnen
wirst über uns in Klarheit stehn.
Du wirst uns, die wir ganz verkommen,
mit offner Hand entgegengehn!

Ein Tag wird uns grüßen,
ein Licht sich ergießen,
in kalter Welt ein Röslein blühn.
Bald werden wir mit wunden Füßen
zur Krippe unsers Heilands knien.

Gott ist Mensch geworden

Ein Stern mit hellem Glänzen
steht überm Tor,
ein Singen jubelt auf
und eine Stimme drauf
spricht: "Allen Erdegrenzen
Friede zuvor!"

Des Himmels hohe Pforten
sind aufgetan,
und mittaghelles Licht
fällt uns ins Angesicht;
denn Gott ist Mensch geworden
und sieht uns an.

Der Heiland ist geboren,
ein Kindlein klein.
Das Kind im Stall ist Gott,
trägt alle Menschennot,
führt uns, die wir verloren,
aus Gnaden heim.

Gott ist ein Mensch geworden
und nimmt uns an,
hat sich herabgeneigt,
uns seine Lieb gezeigt
und weit des Himmels Pforten
nun aufgetan.

Weihnachtslied

Im Stall geboren,
bei Nacht und Wind,
gegrüßt von Toren:
Ein armes Kind.
Und bald schon flüchtig
in fremdem Land.
Dem Leben pflichtig
mit Axt und Hand.

Gehaßt, verstoßen
als Heiland dann.
Ein Spott den Großen;
in Acht und Bann.
Kein Bett zum Ruhen,
kein Haus von Stein
und immer in Schuhen;
immer allein.

Bespien, voll Plagen,
verlacht, verhöhnt,
ans Holz geschlagen,
mit Dorn gekrönt,
zwischen zwei Mördern
schmachvoll gehängt,
an dunklen Örtern
ins Grab gesenkt.

Und doch ein König
mit Kron und Thron!
Ganz untertänig,
o Gottes Sohn,
dient dir des Himmels
Schar und das Land.
Trotz des Getümmels:
Der Herr erstand.

Zieh ein, mein Heiland,
neige dich her,
verlassen weiland,
jetzt, lieber Herr,
sollst du mein König
und Helfer sein,
immer und ewig:
Zieh, Heiland, ein!

Hirtenlied

Einer:
Nun lasset uns eilen
und ohne Verweilen
auf flinken Füßen zum Stalle hingehn!
Dort ist er, ein Kindlein,
im Stroh und im Kripplein,
der Heiland, ihr Hirten, zu sehn.

Die anderen:
Wir liegen danieder,
uns schmerzen die Lider,
das helle Licht hat geblendet uns fast.
Was hat uns gesungen
und lieblich geklungen
der Engel, der himmlische Gast?

Einer:
Ei, springt auf die Füße,
ein' Botschaft gar süße
hat uns verkündet der Engel so klar:
Uns Menschen, verloren,
der Heiland geboren!
Und Frieden uns allen, fürwahr!

Die anderen:
Der Heiland geboren
uns Menschen, verloren?
So hat uns gesungen das Himmelsrund?
Ist wahr auch die Weise?
Gott ging auf die Reise?
Besucht uns zur heutigen Stund?

Einer:
Sie habens gesungen,
sich aufgeschwungen
dort leucht't über Krippe und Stall der Stern;
dort liegt es, das Kindlein,
auf ärmlichen Windlein,
Maria gebar uns den Herrn!

Die anderen:
So wollen wir eilen
und ohne Verweilen
auf flinken Füßen zum Stalle hingehn;
das Kindlein anblicken,
es herzen und drücken.
Auf, auf nun! Wir müssen es sehn!

Das Alte ist vergangen

Das Alte ist vergangen.
Hier ist neues Land.
Was uns bislang gefangen
fesselt Gottes Hand.

Die Stricke, die uns banden,
liegen nun im Kot.
Die Feuer, die uns brannten,
sind verglüht und tot.

Der Tag ist angebrochen,
groß und unbeschwert.
Gott hat sein Wort gesprochen,
ist hier eingekehrt.

Gott hat sein Wort gegeben:
Es ward Fleisch im Sohn.
Der Sohn gibt uns das Leben
und des Lebens Kron.

Licht ist es rings geworden.
Was im Dunkel lag
geht durch die hellsten Pforten
in den neuen Tag.

Glanz liegt auf allen Dingen,
Freud ob allem Leid:
Im Sohn wir stehn und dringen
in die Ewigkeit.

Silvesterlied

Still geht nun das Jahr davon,
wie es auch gekommen.
Neues Jahr aus Gottes Bronn
kommt nun hergeschwommen.
Bringt es Segen? Böse Fracht?
Steigt die Sonne hoch? Stürzt jäh die Nacht?

Ob die Sonne scheint, ob Nacht
unsern Tag wird schatten:
Einer ist, der hüt't und wacht,
ohne zu ermatten.
Dieser Eine hebt und trägt,
wenn die Wasser drohn, die Angst sich regt.

Dieser Eine ist der Christ,
der sein Wort gegeben.
Wo das wirkt, in Wahrheit ist
Leben, ewges Leben.
Wohin gehen? Herr, zu dir!
Ohne dich, Herr Christ, verzagen wir.

Epiphanias

Über dem Abgrund der Welt
leuchtet ein wachsendes Licht,
steht des Himmels Gezelt,
wehrend dem Tod und Gericht.

Ruf und Gebet und Flehn
lichtet nimmer die Wand,
alles mühvolle Gehn
Pfad nicht und Heimat je fand.

Aber jetzt leuchtet ein Licht,
fernher ein Singen ertönt,
dunkles Gewölk zerbricht,
Erde steht schön wie gekrönt.

Christ ist's, der zu uns herkam.
Hirten und Kön'ge und Stern
loben ihn wundersam,
fassen als Gott ihn und Herrn.

Kranke und Arme im Geist
und die da hungern nach Brot
werden von ihm gespeist,
finden, was nie einer bot:

Leben, das niemals verbleicht,
Licht, das kein Sturmwind verweht,
das den Heimweg uns zeigt,
immer zur Rechten uns steht.

Krippe und Kreuz sind das Licht.
Schaut wie es wächst, wie es steigt!
Wie's in den Abgrund bricht!
Gott sich den Menschen nun zeigt!

Sah jemals einer noch mehr?
Größeres gibt es hier nicht.
Gott neigt im Sohn sich her!
Lobt ihn! Wir stehen im Licht.

Gottessohn und Schmerzensmann

Herr, mein Heiland, durch dein Leiden
hast du mich vom Tod geliebt.
Willig geb ich hin die Freuden
dieser Welt, die mir nichts gibt.

Für mich hast du da gehangen,
nahmst auf dich mein Sündigkeit;
daß ich Gnade könnt erlangen
Trugst für mich du Kreuz und Leid.

Wo wollt sonst ich mich hinwenden?
Wer liebt mich bis in den Tod?
Wer hält mich an starken Händen
in der allerbängsten Not?

Das bist du nur, Herr, alleine:
Gottessohn und Schmerzensmann!
So will ich in der Gemeine
Singen dir, so lang ich kann.

Lamm Gottes

Lamm Gottes, unschuldig und rein,
du littst für uns die Kreuzespein,
du bücktest dich in unsern Tod,
nahmst auf dich unsre große Not.
Kyrieleis!

Lamm Gottes, unsre große Schand
ist für dich worden Strick und Band,
und jede Sünde Tag um Tag
traf dich in einem Geißelschlag.
Kyrieleis!

Lamm Gottes, die Verlorenheit
ward dir zu einem Schmerzenskleid;
der du nie eine Sünd gekannt,
nahmst auf dich unsrer Sünde Schand.
Kyrieleis!

Lamm Gottes, deine Wunden sind
die Zeichen unsrer großen Sünd.
Doch - Lob und Dank in Ewigkeit! -
sie sind der Grund der Seligkeit.
Kyrieleis!

Abgrundtiefe Liebe

Herr Christ, dein bittres Leiden
um die verlorne Welt,
dein schmerzensreiches Scheiden
hat mich ins Licht gestellt.
Ich armer, eitler Sünder
darf nun dein Eigen sein,
durch dich, den Überwinder,
bin ich gerecht und rein.

Du mußtest alle Schmerzen
durchkämpfen, alle Qual.
Auf deinem Heilandsherzen,
auf deinem Marterpfahl
lag alle Schuld und Sünde,
der Gottestrennung Not,
doch du hast deinem Kinde
erlitten Gnad bei Gott.

Dein Leiden und dein Sterben
macht einzig und allein
mich Sünder zum Thronerben;
mein Gott ich faß es kaum.
Die abgrundtiefe Liebe,
die um dies Wunder weht,
reißt mich mit starkem Triebe
ins heiße Dankgebet.

Osterlied

Nun ist der Himmel aufgetan,
und licht wird, was im Dunkel lag.
Die helle Sonn tritt auf den Plan
und führt herauf den jungen Tag.

Die Sonne, die uns scheint und lacht,
ist unser Herre Jesus Christ,
der heut besiegt des Todes Macht,
aus Grabesnacht erstanden ist.

Und so wie er erstand im Licht,
so werden wir mit ihm erstehn.
Wir sterben und wir sterben nicht,
uns wird vom Tod kein Leid geschehn.

Das danken wir dem Herren Christ,
der heut aus Grab und dunkler Nacht
in Gottes Kraft erstanden ist,
der heut das große Werk vollbracht.

Christ ist heut auferstanden

Christ ist heut auferstanden!
Die Hölle riß sich auf!
Und frei von Todesbanden
stieg er im Siegeslauf
ins Purpurlicht der Sonne.

Er lebt! Solch kraftvoll Wissen
bezwingt des Teufels Macht.
Er hat das Netz zerrissen,
zerschlagen alle Nacht,
der Schlang den Kopf zertreten.

Fort alle Traurigkeiten!
Das Grab ist leer! Er lebt!
Der Tod ist tot! All Leiden
sind nun in Freud gekehrt!-
Das Herze muß nun springen!

Himmelfahrtslied

Du bist aufgestiegen
zum Thron der Herrlichkeit,
gewannst im Unterliegen
den allerschwersten Streit.
Entmächtigt und verhöhnt
standst du vor aller Welt,
jetzt aber hochgekrönt
regierst du, Gottesheld.

Dir hat Gott gegeben
Gewalt in deine Hand,
auch das geringste Leben,
das fernste Sternenland,
die Menschen ohne Zahl
sind dir anheimgestellt,
die Hand, durchbohrt am Pfahl,
regiert nun alle Welt.

Du wirst wiederkommen
in einem hellen Licht,
da werden alle Frommen
erheben ihr Gesicht.
Doch die, die dich verlacht,
die werden jammernd schrein
und stürzen in die Nacht,
da kein Licht dringt hinein.

Dich preist unser Singen,
Erhöhter, Herr und Gott.
Es kommt ein Tag, da springen
die Fesseln und der Spott,
der dir entgegenschlägt
wird völlig ausgebrannt.
Du herrschst. Das Zepter trägt
für ewig deine Hand.

Pfingstbitte

Komm, heilges Brausen,
komm, Feuerbrand,
komm, Windessausen,
Geist, gottgesandt,
fahr auf uns nieder,
komm, füll die Hand,
die Herzen wieder,
und alle Land.

Wir Menschen stehen
dürr und verbrannt
vor dir und flehen,
Geist, unverwandt
um milden Regen.
Reck deine Hand.
Tau nieder, Segen,
aufs dürre Land.

Wir knien mit Bangen
vor dir im Sand,
sind ausgegangen
in Scham und Schand,
bitten nur eines:
Komm, heilger Brand,
Feuer, du reines,
von Gott gesandt.

All unser Sagen
nicht Glauben fand,
all unser Wagen
vergeudet stand,
all unser Rufen
verhallt im Land,
was wir auch schufen
war nichts als Tand.

Verbrenn das Alte
reck deine Hand,
das Müd und Kalte,
die Schuld und Schand.
Gib neue Herzen,
die dich erkannt,
entzünd die Kerzen,
des Geistes Brand.

Komm, heilges Brausen,
komm, Feuerbrand,
komm, Windessausen,
Geist, gottgesandt.
Fahr auf uns nieder,
komm, füll die Hand,
die Herzen wieder,
und alle Land.

Christus wird wiederkommen

Christus wird wiederkommen,
mit ihm das Engelheer.
Da werden alle Sonnen
in Feuern stehn, das Meer
wird donnernd vor ihm brausen,
die Erde zitternd stehn,
die Winde ihn umsausen,
die Weltennacht vergehn.

Er steht als strenger Richter
am hohen Horizont,
vom Glanz der Himmelslichter
ganz herrlich übersonnt.
Und vor ihm muß erscheinen
der Menschheit volle Zahl:
Er richtet. Freud und Weinen
wird sein und Lust und Qual.

Herr, hilf, wenn du wirst kommen,
zu richten alle Welt,
daß wir dann deinen Frommen
aus Gnaden zugesellt;
denn wir sind eitel Sünder.
Wer will vor dir bestehn?
Wir bitten dich wie Kinder:
"Laß uns im Licht dich sehn.

Hilf, daß wir deinen Willen
nun fürderhin auch tun,
daß wir dir treu im Stillen
stets dienen, nimmer ruhn,
daß unser ganzes Leben
nur brennt zu deinem Ruhm,
daß, wenn wir vor dich treten,
ganz sind dein Eigentum."

Steh auf! Steh auf!

Steh auf! Steh auf! Du Christenheit!
Der Tag ist vor der Tür.
Die Sterne neigen sich und breit
schreitet die Sonn herfür.
Die lange Nacht geht bald zu End,
die Sonne steigt am Firmament.

Du stehst im Licht, das nimmer bleicht,
im Glanz aus Gottes Tor.
Der Herr dir seine Hände reicht.
Ergreife sie! Spring vor!
Sieh: Christus steht im hellen Licht
und spricht zu dir: "Fürchte dich nicht!"

Denn Christus ist das helle Licht,
die Sonne aller Welt.
Und wo er steht, die Nacht zerbricht.
Sein Zeichen steht im Feld.
Schon leuchtet's hell am Horizont.
Steh auf! Steh auf! Denn Christus kommt!

Laßt eure Lichter brennen

Laßt eure Lichter brennen,
der Bräutigam kommt bald.
Die Morgensterne nennen
die Stunde schon, es schallt
von allen Türmen nieder:
Nehmt Wanderstab und Hut,
reckt eure müden Glieder,
die schon zu lang geruht.

Umgürtet eure Lenden,
daß euch der Feind nicht fällt.
O Trost! An allen Wänden
der überstarken Welt
steht schon das Wort geschrieben,
das Wort vom Endgericht:
Zerbrechen und zerstieben
wird, was zu leicht im Licht.

Das Warten nimmt ein Ende,
der Morgen dämmert schon.
Nehmt fest in eure Hände
die Lampen, denn der Sohn
ist bald an eurer Seite,
holt euch zum Hochzeitsfest.
Den Saal der ewgen Freude
er euch bereiten läßt.

Verschließt nur eure Ohren
dem Flüstern Satanas!
Ihr steht schon an den Toren.
Wer müd sein Öl vergaß,
wird ewig draußen stehen
verloren und verdammt.
Die werden mit ihm gehen,
die wartend er hier fand.

Jetzt nur nicht müde werden!
Der letzte Stieg beginnt!
Trotz Mühen und Beschwerden!
Der Glaube nur gewinnt!
Nur noch ein wenig Hoffen,
ein wenig Müh und Qual,
dann stehn die Türen offen
zum schönen Hochzeitssaal.

Der Morgenstern

Wenn alle Sterne schlafen gehn
und alle Türen offen stehn,
durch die das Licht zur Erde fällt,
steht noch ein Stern am Himmelszelt.

Das ist der liebe Morgenstern,
der gleichet Christus, unserm Herrn,
der kündet, daß zu End die Nacht,
daß bald die güldne Sonne lacht.

Wir wenden unser Angesicht
so gern zu diesem klaren Licht
und falten unsre Hände dann:
Du ewger Morgen, brich bald an!

Das bitten wir dich früh und spät -
erhör, Herr Christus, das Gebet -.
Komm wieder, Herr der Herrlichkeit!
Brich an, du Tag der Ewigkeit!

In Gott geborgen

Daß wir deine Herrlichkeit

Daß wir deine Herrlichkeit
können recht erfassen,
wirfst du über uns das Leid,
führst uns dunkle Straßen.

Daß wir dir allein vertraun,
dir und keinem andern,
reißt du nieder, was wir baun,
und wir müssen wandern.

Wer noch nicht zerbrochen ist,
findet nicht die Türen,
die zu dir, Herr Jesus Christ,
in die Freude führen.

So wolln wir dir stille sein
und dir glaubend trauen.
Denn wir sollen nach der Pein
alle Himmel schauen.

In Gottes Hand

Ich will mich fügen
und halten still
und mich begnügen,
wie Gott es will.

Ich will nicht fragen:
Warum dies mir?
Du wirst mich tragen,
mein Gott, zu dir.

Und mag zerbrechen
die ganze Welt,
so darf ich sprechen:
Wie's Gott gefällt.

Ich bin geborgen,
o selger Stand,
so heut wie morgen
in Gottes Hand.

Alles ist eitel

Alles ist eitel,
du aber bleibst
und wen du ins Buch
des Lebens schreibst.

Ich bin nicht wert der Gnade

Ich bin nicht wert der Gnade,
die täglich neu mich trägt.
Dein Mühn ist viel zu schade.
Ich fall und falle wieder,
ich schlag die Augen nieder,
mein Herz in Ängsten schlägt.

Geh von mir. Deine Liebe
steht klagend über mir.
Ich wollte schon, ich bliebe
so gern bei dir und kniete
auf deine Lieb und Güte
im Staub, o Herr, vor dir.

Doch meine Sünden blecken,
ich bin nur Abgrund, Schuld.
Tief muß ich mich verstecken.
Ich kann nicht vor dir stehen,
Herr, du mußt weiter gehen,
umsonst ist Gnad und Huld.

Der Herr, der mich gebunden,
ist stark, läßt mich nicht los:
Vor allen meinen Stunden
steht er und stößt mich nieder
und fesselt meine Glieder,
zwingt mich in seinen Schoß.

Nichts kann ich zu dir bringen. -
So muß ich draußen stehn,
wenn andre zu dir dringen
und sich in dir erfreuen,
gesunden und erneuen -
ich will von hinnen gehn. —

Da dringt ein Rufen nieder,
ein Wort so wunderbar.
Ich recke meine Glieder
und lausche, jetzt klingt's heller,
ich steige auf den Söller
und hör die Worte klar:

"Ich, ich bin nicht erschienen,
daß ihr nun fürder mir
gebückt im Staub müßt dienen;
ich diene, dien euch allen.
Wer sich dies läßt gefallen,
ist selig dort und hier." —

Nun ich dies Wort vernommen,
will ich der Zweifel los
so wie ich bin, Herr, kommen,
will nicht mehr auf mich schauen,
will deinem Wort vertrauen
und ruhn in deinem Schoß.

Und will allein nur denken
an das, was ewig mein,
will mich in dich versenken,
will, Christus, deine Leiden,
dein schmerzensreiches Scheiden
lobsingend schaun allein.

Nimm du mich in deine Hände

Nimm du mich in deine Hände
treuer Hirte, Heiland du,
leite mich bis an mein Ende,
führe mich zur ewgen Ruh.
Ja, du hast mich einst errettet
von der Sündennot und -last,
hast mich an dein Herz gebettet,
da fand Frieden ich und Rast.

Du sprachst huldreich zu mir Armen,
als ich einst zusammenbrach:
Ich will deiner mich erbarmen!
Glaube nur und folg mir nach!
Drum so will ich nur noch glauben,
du gibst Sieg - ja ganz gewiß -
nichts soll mir die Krone rauben,
du vertreibst die Finsternis.

Du bist Licht und du bist Liebe,
du gibst Kraft in Kampf und Streit,
groß ist deine Heilandsgüte
und dein liebes Herz ist weit.
Du hast alles abgenommen,
alle Sündenschuld bezahlt;
einstens darf ich zu dir kommen,
wo die ewge Sonne strahlt.

Fröhlich will ich weiter wandern,
als dein Kind - gnaderkauft -,
ich wills sagen all den andern
die dein Geist noch nicht getauft:
Kommt zu Jesus! Er macht selig!
Er heilt allen Sündenschmerz!
Er macht frei und er macht fröhlich!
Ja, er schenkt ein neues Herz!

Und immer bleibt ein Restlein noch

Und immer bleibt ein Restlein noch -
Wann blieb das Herze stumm? -
zu fragen: Herr, warum dies Joch
und jenes, Herr, warum?

Vergib mir, wenn ich so gefragt
und in die Nacht geschaut.
Du liebst ein Herz nicht, das da klagt,
doch eines, das vertraut.

Wo wir auch die Füße regen

Wo wir auch die Füße regen,
überall das gleiche Bild:
Unter scheuen Flügelschlägen
flieht der Vogel, flieht das Wild.

Was das Tier nur dumpf empfindet,
das Gestein kaum ahnen mag,
quält uns, bis das Aug erblindet,
bis zum letzten Erdentag.

Starken drohen Stärkre wieder,
und was hier sich sicher wähnt,
fällt im Augenblick schon nieder, -
überall ein Abgrund gähnt.

Herr, so tritt doch aus dem Garten,
den zur Wohnung du erwählt,
löse vom Gesetz, dem harten,
die von Furcht befallne Welt.

Einem Scheidenden

Nur nicht bangen, nur nicht zagen,
einer wird den Mantel schlagen
um dich und dir nahe sein.
Seinem Haus- und Ingesinde
schenkt er noch vorm Abendwinde
Brot und Wein.

So gestärkt mit guter Speise
ist die letzte, schwerste Reise
ledig aller Angst und Pein.
Was uns fehlt, hast du gefunden,
was uns kränkt, schon überwunden.
Du bist sein!

Hier ist alles Licht verschleiert

Hier ist alles Licht verschleiert,
und die Träne ist uns nah.
Was in schönem Rausch gefeiert,
ist bald fremd und nicht mehr da.

Was die Menschenbrüder sagen,
ist wie in den Wind gehaucht.
Immer ist das letzte Fragen
in ein Zweifelsmeer getaucht.
Nur der Eine macht genesen, -

alles eigne Tun verweht.
Wachsen wird das neue Wesen,
wenn das alte sterben geht.

Und danken bloß

Einer ist, der Treue kennt,
der, wenn alles geht,
wenn Freund um Freund sich von mir trennt
stets sorgend meinen Namen nennt,
fest zu mir steht.

Einer ist, der mich geliebt,
da ich schwärend lag
in tausend Feuern und betrübt,
fern unterm Dornbusch schmerzdurchsiebt,
viel Jahr und Tag.

Einer ist, der liebend barg
mich im Dorn und Sand,
der mich aus meines Zweifels Sarg
ins Licht hob und an mir, der arg,
gar Lieb's noch fand.

Einer ist, ich kenne ihn,
und sein Nam ist groß.
Er heißt: Ich habe dir verziehn. -
Laß mich zu deinen Knien knien
und danken bloß.

Liebe ohnegleichen

Sehet, welche große Liebe

Sehet, welche große Liebe
hat der Vater uns erzeigt!
Tief hat er sich zu uns nieder
in den Staub gebeugt.
Selbst für den verlornen Sohn
hat er ein Mahl bereitet schon.

Alle gleichen wir dem Sohne,
der sein Vaterhaus vergaß,
der nach Taumel, Tanz und Sünde
bei den Schweinen saß.
Uns drückt alle gleiche Not,
wir aßen alle fremdes Brot.

Das ist Liebe ohnegleichen,
Liebe, die nicht fragt nach Lohn,
die mit Kindesrecht beschenket
den verlornen Sohn
und die Lumpen, Schmach und Leid
vertauscht mit Fingerreif und Kleid.

Daß wir Gottes Kinder heißen,
Söhne sind und keine Knecht,
in dem Haus des Vaters wohnen,
ist nicht unser Recht.
Gottes Liebe nur allein
rief uns verlorne Söhne heim.

An Christus

Aus tausend Wunderbronnen
fließt deine Gnad uns zu
und Millionen Sonnen
rühmen dich ohne Ruh.

Wir Menschen, sündzerrissen,
wir Menschen, leidensbang,
wir liegen dir zu Füßen,
zieh uns zu dir hinan.

Du hast am Kreuzesstamme
gesühnet alle Schuld,
du hast entfacht die Flamme
der Lieb' und der Geduld.

Du siehst nicht unsre Sünden
und Flecken ohne Zahl,
bei dir kann Ruhe finden
der Mensch mit seiner Qual.

Mit deinen Heilandshänden
heilst du den tiefsten Schmerz,
und deine Strahlen spenden
Licht in das dunkle Herz.

Du bist der Herr der Dinge.
Die Liebe ist dein Kleid.
Nun auf mein Herz und singe
den Psalm der Dankbarkeit!

Warum sollt ich mich schämen

Du hast für mich errungen
des ewgen Lebens Kron.
Das wär mir nie gelungen,
o Jesu, Gottes Sohn.
Dafür will ich mit Singen
dir Lob und Dank darbringen.

Nichts soll mich von dir scheiden,
nicht Schmach, noch Spott und Hohn.
Bei dir, Herr, will ich bleiben,
und wenn auch viele schon
sich von dir abgeschieden:
Ich will dich, Heiland, lieben.

Warum sollt ich mich schämen?
Wer ist dir, Christus, gleich?
Wer kann die Schuld mir nehmen,
mich tragen aus dem Reich
der Nacht und Todesnöte
ins Licht der Morgenröte?

Das kannst nur du alleine,
o Jesu, starker Held!
Stärk mich und die Gemeine
zum Zeugnis vor der Welt,
daß wir kein Schritt abweichen
von dir, bis wir erbleichen!

Fürchte dich nicht

O Wort, das keinem auf Erden gleicht,
das Gottes Mund gesprochen,
das durch die Himmel und Höllen reicht,
das stets noch ungebrochen:
"Du bist erlöst! Nun fürchte dich nicht!
Ich hab dich gerufen aus Tod und Gericht!"

Dem Wort, das mir der Himmel verheißt,
dem will ich mich erschließen,
daß es mich höher und höher reißt,
bis ich darf endlich grüßen
den Herrn im hohen, heiligen Licht,
der tröstend gerufen: "Nun fürchte dich nicht!"

So lieb hat uns der heilige Gott,
daß er den Sohn gegeben;
der gab für der Welt Sünd, Schand und Gericht
am Kreuz dahin sein Leben.
Der Sohn hat Schand, Not, Tod und Gericht
für mich auch erlitten: Drum fürcht ich mich nicht.

Aus lauter Lieb hat er dies getan:
Ich sollt sein Eigen werden.
Gott sieht nicht mehr meine Sünden an,
die Bande dieser Erden;
er sieht den Sohn - des bin ich getröst :-
Der hat mich gerufen, der hat mich erlöst!

Du wirst uns finden

Du wirst uns finden,
und keiner wird fehlen.
Aus allen vier Winden
und dunkelsten Sälen
werden wir kommen,
den Schluchten entklommen,
gewandelt, geläutert,
rein und erhoben.
Was du erschaffen, muß dich auch loben.

Draußen bleibt keiner.
Wer wollte auch bleiben?
In Wahrheit nicht einer.
Dein Finger wird schreiben:
Los und erlesen,
in Drangsal genesen.
Zur Mitte wir dringen -
wenn heut nicht, so morgen,
bis du uns alle liebend geborgen.

Du rufst und findest,
was fern und vergessen.
Du rettest und bindest
und liebst unermessen.
Vor deinen Toren
bleibt keiner verloren.
Dein großes Erbarmen
wird allen geben
am Ende der Zeiten Krone und Leben.

Der Schuldbrief ist zerrissen

Du willst, daß wir dich lieben
mit unserm ganzen Sein,
daß wir wie Kinder blieben
recht dankbar, gläubig, rein,
daß unser ganzes Leben
nur dir, dem Herrn, gehört,
daß wir die Ehr dir geben,
so wie du uns gelehrt.

Doch wir sind abgefallen
von deinem Wort, o Gott.
Auch unser schwächstes Lallen
ist vor dir nur ein Spott.
Wir liegen fest gebunden
im Kerker dunkler Nacht,
vor allen Lebensstunden
hält Satan strenge Wacht.

Nicht unser bittend Schreien,
nicht eigenes Bemühn
kann uns vom Tod befreien,
läßt uns den Morgen sehn.
Ein Sünder kann nicht lösen
die Menschheit aus der Haft;
es geht die Macht des Bösen
weit über unsre Kraft.

An uns, ohn allen Zweifel
- ganz gleich, ob jung, ob alt -
hat Sünd und Tod, der Teufel
die Hand gelegt. Gewalt
hat über uns bekommen
der abgefalle Stern.
Uns kann nichts andres frommen,
als was von Gott, dem Herrn!

Wir können nicht bezahlen
die Schuld; nicht unsre Not,
nicht Tränen, Seelenqualen
und auch nicht unser Blut
kann uns die Freiheit geben:
Wir sind vor Gott verlorn.
Uns hilft nicht eignes Streben,
nur was uns Gott erkorn!

Da wir uns quälend mühten,
ward schon das Werk vollbracht;
da noch die Zweifel glühten,
zerriß Gott alle Nacht:
Durch Jesu Christi Wunden
weicht alle Finsternis!
Der Sünder kann gesunden!
Den Schuldbrief Gott zerriß!

Gott ruft dich heut

Gott ruft dich heut durch Jesus Christ,
der unser aller Heiland ist,
aus deiner Gottestrennung Not
zu seinem heilgen Aufgebot.

Die Sünden dein hat Christ, der Herr,
versenkt in seiner Liebe Meer;
weil du ein Sünder vor Gott bist,
starb auch für dich, der Herre Christ.

Wirf dich in sein Arme nun,
verdamme allen Eigenruhm.
Christ ist allein der Freiheit Licht,
die Kraft, die alle Ketten bricht.

Christ ist allein die rechte Straß;
die geh, mein Herz, ohn Unterlaß;
denn Wahrheit, Leben, Seligkeit
ist nur bei Christus uns bereit.

So neig dein Herz zu wahrer Buß.
Verlaß die Welt, setz deinen Fuß
mit Gottes Hilf auf neues Land.
Gott ruft dich heut, gib ihm die Hand!

Du bist unser höchstes Gut

Du bist unser höchstes Gut

Schon von Ewigkeiten her
hast du dich für uns gegeben.
Seit du nun dein reines Leben
ausgehaucht am Kreuzesstamm,
Jesus Christus, Gottes Lamm,
ist dein Lieben offenbar.

Tiefer als das tiefste Meer,
höher, als die Berge ragen,
ist die Liebe, die getragen
Sünd und Schuld der ganzen Welt,
Jesus Christus, Heiland, Held.
Wie ist dies doch wunderbar!

Du gabst für uns hin dein Blut.
Nur dein Blut, das du gegeben,
kann uns auf zum Himmel heben,
und aus Nacht und Graun und Grab
reißt uns nur die teure Gab,
die du sterbend uns gereicht.

Du bist unser höchstes Gut,
Trost im Leben und im Sterben;
durch dich wir den Himmel erben.
Dank sei dir, Herr Jesus Christ!
Singt und springt zu dieser Frist:
Weicht! Sünd, Tod und Teufel! Weicht!

Allein, Herr Christ, der Herre bist

Allein, Herr Christ, der Herre bist
und Fürst, für den wir stehen,
und außer dir kein Heiland ist,
auf dich wir glaubend sehen.
Du hast uns durch dein Kreuz und Leid
erworben die Gerechtigkeit.
Hilf tapfer davon zeugen!

Allein in deinem Wort, Herr Christ,
trittst du uns selbst entgegen.
Dein heilges Wort der Grundstein ist,
vom Vater uns gegeben.
Drum bitten wir dich fort und fort:
Erhalte uns bei deinem Wort
und bei der Väter Lehre!

Allein der Glaub den Herren schaut!
Wer aus dem Geist geboren
nicht mehr dem eignen Willen traut,
der vor Gott ganz verloren.
Herr, wirke, daß in der Gemeind
der rechte Glaub uns alle eint
zu deiner Ehre! Amen.

Du bist unser Herr allein

Du bist unser Herr allein,
dem wir glaubend dienen;
alle Welt und alles Sein
muß dich ewig rühmen;
denn Gott gab in deine Hand
Volk bei Volk und Land bei Land.

Wo ist solch ein Herr wie du,
der das Licht der Sonnen
überstrahlt in einem Nu,
dem bei seinem Kommen
auch das lichte Himmelsheer
brausend singt zu Lob und Ehr?

Du bist Herr und keiner mehr!
Tief zu deinen Füßen
liegt des Feindes mächtig Heer.
Alle Welten grüßen
dich auf deinem hohen Thron,
Herr und Heiland, Gottes Sohn.

Unser Leben ist nun dein,
ganz dir zugeschworen.
Du bist unser Herr allein!
In dich eingeboren
dienen wir zu Lob und Dank,
Herr, dir unser Leben lang!

Du bist des Lebens Quelle

Dich, Schöpfer, lobt die ganze Welt,
das Licht der tausend Sonnen,
das Sternenheer am Himmelszelt,
der Wolken Wasserbronnen.
Dir singt, was du geschaffen hast,
-bewußt und unbewußt,-
die finstre Nacht, der Sonne Glast,
die kleinste Vogelbrust.

Doch wäre deine Liebe nicht,
die uns zu Kindern machte,
so wär's, als wenn das Sonnenlicht
nicht auf die Erde lachte.
Es wäre dunkel, öd und kalt.
Nun aber brennt dein Licht,
und über Meer und Feld und Wald
sehn wir dein Angesicht.

So hat das Leben Sinn und Ziel:
Du bist des Lebens Quelle!
Das Sein ist nun kein irres Spiel.
Aus dir strömt klar und helle
das Licht, das uns dich sehen macht,
-der Glanz die Welt betaut.-
Du hast uns durch dein Lieb und Macht
auf ewig dir vertraut.

Nötiger als Brot

Nötiger als Brot
und alle guten Gaben
ist, daß wir dich, Herr Christ,
auf unsrer Wegfahrt haben.

Du bist Brot und Wein.
Wer könnte ohn dich leben
und ohn den hellen Schein,
den du der Welt gegeben?

Welt, bedenk es wohl,
was Gott dir gab aus Gnaden,
da Lieb aus Liebe quoll,
geh, Welt, auf Gottes Pfaden:

Denn nötiger als Brot
und alle guten Gaben
ist, daß wir dich, Herr Christ,
auf unsrer Wegfahrt haben.

Anfang, Mitt' und Ewigkeit

Als die Welt noch ungeboren,
Jesus Christus, Gottes Sohn,
und die Menschheit tief
noch am Herzen Gottes schlief,
warst du schon.

Als das Licht aus allen Toren
flutend durch die Räume brach,
sang der Morgenstern
brausend dir und Gott dem Herrn
Tag um Tag.

Und als jener Tag gekommen,
jene Stund der Schuld und Schmach,
da die Schlange stach,
und der Mensch im Staube lag
und zerbrach,

hat dich Gottes Lieb genommen,
und du gabst dich ihm als Lamm,
hast die Menschennot
ganz zerschlagen und den Tod
an dem Stamm.

Auferstanden, aufgefahren!
Als der Erstling zu Gott heim!
Das ist Trost und Kraft,
Stab und Schwert der Pilgerschaft,
Ziel allein.

Und an einem wunderbaren
Tag wirst du am Himmel stehn.
Sonn und Mond und Stern
werden beugen sich dem Herrn
und vergehn.

Dann wirst du die Toten rufen.
Und die Erde und das Meer
werden offen stehn.
Alle werden sie dich sehn,
Richter, Herr.

Und vor deinen hohen Stufen
wirst du scheiden Spreu vom Korn.
Selig, die geglaubt!
Doch die dir die Ehr geraubt,
trifft dein Zorn.

Und dann kommt ein Tag ohn Ende!
Hin durch alle Räume weit
werden wir geführt.
Und von deinem Hauch berührt,
Seligkeit,

werden wir dann unsre Hände
dankend falten. Du nur bist,
über allem Streit,
Anfang, Mitt' und Ewigkeit
Jesus Christ!

Erbarm dich, Herr

Herr Christ, schenk deiner Christenheit
Glauben, Lieb und Einigkeit!
Der Teufel schleicht mit arger List
um deine Schar zu jeder Frist.
Erbarm dich, Herr!

Bewahr uns, Herr, vor falscher Lehr,
tu auf dein Wort als Trutz und Wehr!
Ach, ende bald die Bruderfehd,
die schlimmste Geißel, die umgeht!
Erbarm dich, Herr!

Daß wir durch deines Geistes Kraft
in stiller Glaubensbruderschaft
dir dienen hier und allezeit,
dazu mach unser Herz bereit!
Erbarm dich, Herr!

Gib Kraft und Mut zum Stillesein,
auf daß wir deine Fensterlein
und deine Türen sind zur Welt,
durch die dein helles Lichte fällt!
Erbarm dich, Herr!

Gott zur Ehre dienen wir

Gott zur Ehre dienen wir

Gott zur Ehre dienen wir,
fragen nicht nach Dank und Lohn.
Daß wir dienen dürfen, ist
Lohn genug uns schon.

Seit du uns ins Meer versenkt
deiner Lieb, Herr Jesus Christ,
jeder deiner Liebe nun
Dienstfreiwill'ger ist.

Nicht in eigner Macht und Kraft
stehen wir zum Dienst bereit;
Kraft und Vollmacht strömt uns zu
aus der Ewigkeit.

Dank ist unser Dienst allein.
Was gilt Menschengunst und -spott?
Nicht den Menschen dienen wir.
Nein. Wir dienen Gott!

Herr, sieh du in Gnaden an
unsern Dienst, gering und klein;
glüh von aller Eitelkeit,
Gott, ihn frei und rein!

Mein König, dir zu singen

Mein König, dir zu singen
ist meines Herzens Freud!
Dir soll die Harfe klingen
hier und in Ewigkeit!
Will Satan hart anlaufen,
dein Rüstung schützet mich.
Vor deinen lichten Haufen
der Böse stets entwich.

Herr, sammle deine Scharen
zu Dienst und Waffengang!
Trutz Not und Todgefahren!
Trutz aller Angst und Bang!
Ich will im Dienst verzehren
mein Leben arm und schlicht.
Wollst gnädig zu mir kehren
dein huldreich Angesicht!

Die Heerbannrufer gehen,
ich will nicht müßig sein
und nicht am Markte stehen;
mein König, ziehe ein!
Dir soll die Harfe klingen
hier und in Ewigkeit!
Mein König, dir zu singen
ist meines Herzens Freud!

Gott ist aller Freude Grund

Trost und Trotz der Christenheit:
Freude, die das schwerste Leid
trägt ohn zu klagen,
die ums neue Tagen
weiß nach allem Erdenstreit.
Trost und Trotz der Christenheit.

Offen steht das Himmelstor:
Freude führet stark empor,
aus Gott entsprungen;
und mit neuen Zungen
singt der Mensch, der sich verlor.
Offen steht das Himmelstor.

Gott ist aller Freude Grund:
Ihm zu dienen jauchzt der Mund,
trotz Leid und Qualen.
Alle Tränenschalen
füllt mit Freude Gottes Stund.
Gott ist aller Freude Grund.

Nun sollst getrost du streiten

Nun sollst getrost du streiten,
du Christkämpferschar;
durch Mühsal, Not und Leiden
Gott rettet wunderbar!
Er machte stets die Seinen
mit großer Kraft noch frei,
wenn Flut und Gluten steigen;
Gott stillt der Feinde Feldgeschrei.

Gott hat dem Sohn gegeben
die Königsherrlichkeit,
Er wird auch unser Leben
erretten aus dem Streit.
Er wird uns, die Gemeinde,
uns, Christi Bruderschaft,
erlösen von der Feinde
und falscher Brüder List und Macht.

Herr Christ, Gotthilf und König,
stärk uns den Glaubensmut!
Es muß dir untertänig
werdn Geist samt Fleisch und Blut.
Du willst durch unsre Tage
mit Sturm und Feuer gehn,
dahint bleibt alle Plage,
wir wolln zu deiner Fahne stehn.

Gewisse Tritte laß uns tun

Gewisse Tritte laß uns tun
und nimmer ruhn
in falscher Sicherheit
und Schwert und Kelle nun
halten bereit!

Gib uns dein Wort, Herr Jesu Christ,
das Wegzehr ist
und Wanderstab und Schild,
das uns zu aller Frist
einprägt dein Bild!

Der alte Feind ist auf dem Plan
und greift hart an
die ganze Christenheit.
Dein heilges Wort nur kann
helfen im Streit.

So hilf gewisse Tritte tun
und nimmer ruhn
in falscher Sicherheit
und Schwert und Kelle nun
halten bereit!

Über unser deutsches Land

Über unser deutsches Land
wirf des Wortes Feuerbrand!
Schenk dein Licht uns, Jesus Christ,
und mach hell, was finster ist.

Deine Kirche stehet heut
wider falsche Lehr im Streit.
Schenk den Knechten Tapferkeit,
der Gemeinde Einigkeit,

daß aus dieser bittren Not
deiner Herrschaft Aufgebot -
kämpferische Bruderschaft -
bricht hervor mit großer Kraft.

Herr, erhör das brünstig Flehn,
wollst durch unser Deutschland gehn,
schenk durch deines Geistes Wehn
ein gewaltig Auferstehn!

Liebt euch!

Wir liegen vor dir, Jesus Christ,
schwach, bloß und arm;
Herr Christ, erbarm
dich unsrer Schuld zu dieser Frist!

Liebt euch! - Das ist dein groß Gebot. -
Wer Christ sich nennt:
Bleibt ungetrennt!
Steht fest beisammen bis zum Tod!

Wie haben wir dich oft betrübt
mit unserm Streit
der Eitelkeit!
Wir alle haben nicht geliebt,

so wie du es gefordert hast.
Wir stehn gebückt,
uns alle drückt
zu Boden diese schwere Last.

Herr, neig dich zu uns nieder nun!
Aus Gnad vergib!
Aus deiner Lieb
schenk Liebe uns zu allem Tun!

Laß tapfer stehen uns im Streit!
Herr, stärk und mehr'
in deinem Heer
die Bruderliebe allezeit!

Brunnquell aller Herrlichkeit

Brunnquell aller Herrlichkeit,
Trost in allem schweren Leid,
Jesus Christus, Heiland, Held,
liebste Sonne dieser Welt,
schenke uns in dieser Zeit
Glaubensfestigkeit!

Der du so gelitten hast,
von uns nahmst der Sünde Last,
binde uns gewaltiglich
an dein Wort, Herr, gnädiglich,
fülle uns mit deinem Geist,
den die Schrift verheißt.

Zünd das Glaubensfeuer an,
daß ein jeder sehen kann,
daß des Heilgen Geistes Kraft
wirket gute Ritterschaft,
Tapferkeit und großen Mut
und beherrschtes Blut.

Brich herein mit deinem Schein,
führe die Zerstoßnen heim,
send dein starkes Aufgebot
allen Menschen in der Not.
Denn auf allem Wesen ruht
Schuld und große Not.

Öffne deines Himmels Pracht,
stelle uns auf gute Wacht;
völlig deinem Ruf verschworn;
aus dem Geiste neugeborn;
führ uns dann durchs Todes Tür,
Herzensfreund, zu dir!

Tu es ganz

Sieh nicht auf dein kleines Werk.
Tu es ganz, nur das entscheidet.
Einer streut den Samen aus,
und der andre schneidet.

Wir fahrn dahin

Wir fahrn dahin.
Wirf helles Licht,
Herr Jesu Christ
auf alle Straßen hin!
Auf dich wir glaubend trauen.
Beim Scheidegruß aufschauen
wir nun in festem Sinn.

Dein Wort, die Fahn!
Herr Jesu Christ,
du Führer bist,
der Heerfahrt Ziel und Plan.
Geleit uns durch die Zeiten
und brich du selbst beim Streiten
der Botschaft freie Bahn!

Behüt euch Gott!
Bleibt allezeit
zu Kampf und Streit
des Königs Aufgebot!
Zum Dienst und harten Ringen
schenk Gott euch sein Gelingen,
speis euch mit Lebensbrot!

Steht ihr allein
und trifft euch Not:
Der Herr ist Gott!
Herr Christus, bringe heim,
die treu den Kampf gestritten,
im Elend hart gelitten;
leucht uns mit hellem Schein!

Abend und Morgen

Gelobt sei deine Treu

Gelobt sei deine Treu,
die jeden Morgen neu
uns in den Mantel deiner Liebe hüllt,
die jeden Abend wieder,
wenn schwer die Augenlider,
das schwache Herz mit Frieden füllt!

Wir wolln dem Namen dein
im Herzen still und fein
lobsingen und auch laut vor aller Welt.
Nie hast du uns vergessen,
schenkst Gaben unermessen,
tagtäglich deine Hand uns hält.

Kleidung und Brot gibst du,
Schlaf und Frieden dazu,
und stellst am Morgen über jedes Dach
das Taggestirn, das helle;
und mit der güldnen Welle
des Lichts nimmst du das Ungemach.

Gelobt drum deine Treu,
die jeden Morgen neu
uns deine abgrundtiefe Liebe zeigt!
Wir preisen dich und bringen
dir unser Lob mit Singen,
bis unser Mund im Tode schweigt.

Abendlied

Der Tag geht müd von hinnen,
kühl streicht der Wind durchs Tal.
Des Himmels blaues Linnen
bestirnt sich allzumal.

Nun wollen wir noch singen
das stille Abendlied.
Es soll zum Schöpfer dringen,
der uns so treu behüt't.

Auch heut hast du gegeben
uns unser täglich Brot
und köstlich ewges Leben
aus deinem Wort, o Gott.

Reiß uns aus allen Nächten,
daß wir dein Sonn stets sehn!
Hilf, daß wir Satans Listen
stets siegreich widerstehn!

Ach, daß der ewge Morgen
uns Armen bald erglüh!
Senk deinen Gottesfrieden
auf unsre Sorg und Müh!

Spiele, kleine Flöte, spiele

Spiele, kleine Flöte, spiele,
sag den Freunden gute Nacht.
Sei willkommen, Abendkühle,
und du Stern der ersten Wacht.

Wie die Berge sich erheben,
Erd und Himmel finden sich.
Was der laute Tag gegeben,
mit der Sonne längst entwich.

Spiele, kleine Flöte, spiele,
sag den Freunden, eines bleibt
auch beim Hauch der Abendkühle:
Gott und was sein Wille treibt.

Abendgebet

Der Tag entschwand.
Der Himmel stand
in rote Glut getaucht.
Doch nun ist auch der letzte Brand
versunken und verraucht.

Sternübersät
der Himmel steht.
Hoch über Turm und Dach
steigt unser aller Nachtgebet:
Wir schlafen. Wächter, wach!

Uns alle stärk
zu neuem Werk
mit einer guten Ruh!
Die Sorgen stehen Berg an Berg -
die Herzen stille du!

Wird in der Nacht
zu End gebracht
ein Leben, drücke du
den Sterbenden in deiner Macht
die Augen selber zu!

Und wenn ich's wär,
der nimmermehr
das Licht der Sonne grüßt?
Dann führe mich aus Gnaden, Herr,
ins Licht, das ewig ist!

In Angst und Tod
bist du das Brot,
das Leben, das nicht bleicht.
Du hast in aller Herzensnot
doch stets dich selbst gereicht.

Sternübersät
der Himmel steht.
Hoch über Turm und Dach
steigt unser aller Nachtgebet:
Wir schlafen. Wächter, wach!

Morgengebet

Nun wir still die Hände falten,
bitten wir dich, wollst uns halten
bei dem lauten Tun des Tages
an der treuen Jesushand.

Wollst uns durch die lichten Türen
deines Reiches gläubig führen;
denn wir sind voll Angst und Irrung,
wissen nicht um Weg und Steg.

Lob und Dank sei dir, o König;
wir sind dein, dir untertänig!
Führ uns auf zu ewgen Höhen,
näher deinem Heiligtum!

Ein neuer Morgen

Die Berge steigen traumverhangen
aus ihres Schlafes Dunkelheit,
ringsum geschieht mit neuem Prangen
des alten Wunders Herrlichkeit.

Die Sonne gießt in tausend Bächen
ihr Licht aufs jäh erwachte Rund,
aus allen Wiesen taumelnd brechen
die Lieder erster Morgenstund.

Das ist ein Singen und ein Loben,
im Jubel bebt der kleinste Halm,
bis an den Himmel ist erhoben
des jungen Tages großer Psalm.

Gott steigt in seinen Werken nieder,
reißt sich die Schleier vom Gesicht.
Ein neuer Morgen ward uns wieder.
Schaut dankend zum erschaffnen Licht!

Alphabetisches Inhaltsverzeichnis

66	Allein, Herr Christ, der Herre bist
45	Alles ist eitel
70	Als die Welt noch ungeboren
56	Aus tausend Wunderbronnen
18	Bereitet die Wege
82	Brunnquell aller Herrlichkeit
34	Christ ist heut auferstanden
38	Christus wird wiederkommen
26	Das Alte ist vergangen
44	Daß wir deine Herrlichkeit
90	Der Tag entschwand
88	Der Tag geht müd von hinnen
68	Dich, Schöpfer, lobt die ganze Welt
92	Die Berge stehen traumverhangen
34	Du bist aufgestiegen
67	Du bist unser Herr allein
57	Du hast für mich errungen
60	Du willst, daß wir dich lieben
59	Du wirst uns finden
52	Einer ist, der Treue kennt
21	Ein Stern mit hellem Glänzen
87	Gelobt sei deine Treu
79	Gewisse Tritte laß uns tun
62	Gott ruft dich heut
75	Gott zur Ehre dienen wir
32	Herr Christ, dein bittres Leiden
72	Herr Christ, schenk deiner Christenheit
30	Herr, mein Heiland, durch dein Leiden
51	Hier ist alles Licht verschleiert
46	Ich bin nicht wert der Gnade
45	Ich will mich fügen
22	Im Stall geboren
36	Komm, heilges Brausen

31	**L**amm Gottes, unschuldig und rein
40	Laßt eure Lichter brennen
17	**M**eine Seele singe
76	Mein König, dir zu singen
48	**N**imm du mich in deine Hände
69	Nötiger als Brot
33	Nun ist der Himmel aufgetan
24	Nun lasset uns eilen
78	Nun sollst getrost du streiten
91	Nun wir still die Hände falten
51	Nur nicht bangen
58	**O** Wort, das keinem auf Erden gleicht
65	**S**chon von Ewigkeiten her
55	Sehet, welche große Liebe
83	Sieh nicht auf dein kleines Werk
39	Steh auf! Steh auf
27	Still geht nun das Jahr davon
89	Spiele, kleine Flöte, spiele
77	**T**rost und Trotz der Christenheit
28	**Ü**ber dem Abgrund der Welt
80	Über unser deutsches Land
49	Und immer bleibt ein Restlein noch
41	**W**enn alle Sterne schlafen gehn
84	Wir fahrn dahin
81	Wir liegen vor dir, Jesus Christ
50	Wo wir auch die Füße regen
20	**Z**arte Knospe, springe

Unsere Verlagsproduktion umfaßt Bildbände und andere Bücher, Foto-Poster, Kalender, Raumbilder, Karten usw. Fragen Sie nach unserer Produktion oder fordern Sie Prospekte an!